Pequeñas Líderes

MUJERES EXTRAORDINARIAS

DE LA

HISTORIA AFROAMERICANA

Pequeñas Líderes

MUJERES EXTRAORDINARIAS

DE LA

HISTORIA AFROAMERICANA

VASHTI HARRISON

Traducción: Mercedes Guhl

Penguin
Random House
Grupo Editorial

Título original: *Little Leaders: Bold Women in Black History*
Primera edición: agosto de 2022

Traducción: Mercedes Guhl
Diseño de cubierta: Dave Caplan
Ilustraciones de cubierta: © 2017, Vashti Harrison
Diseño tipográfico de interiores: ©2022, Vashti Harrison

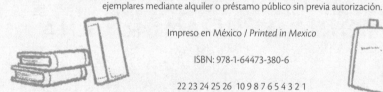

Impreso en México / Printed in Mexico

ISBN: 978-1-64473-380-6

22 23 24 25 26   10 9 8 7 6 5 4 3 2 1

FUENTES DE LAS CITAS

6   "never lost a passenger"("nunca perdí un pasajero": Harriet Tubman en la convención de mujeres sufragistas), Nueva York, 1896.

21   "Color is life": Alma Woodsey Thomas in Washington Collections ("El color es vida"): Alma Woodsey Thomas en *Women Artists in Washington Collections* (Mujeres artistas en las colecciones de Washington), de Josephine Withers. Galería de Arte de la Universidad de Maryland y Women's Caucus for Art, 1979).

25   "I made up my mind to try. I tried and I was successful" (Me preparé para intentarlo. Intenté y fui exitosa): De una entrevista con Bessie Coleman, "Aviatrix Must Sign Life Away to Learn Trade" (Las aviadoras deben despedirse de sus vidas para aprender el oficio), *Chicago Defender*, October 8, 1921.

45   "I am the candidate of the people" (Soy la candidata del pueblo): Del discurso de la campaña presidencial de Shirley Chisholm el 25 de enero de 1972. Su oración completa fue "I am the candidate of the people of America" (soy la candidata del pueblo estadounidense).

48   Todas las citas de Maya Angelou son de *Maya Angelou: And Still I Rise* (Maya Angelou: Y todavía me levanto)

64   "would make others feel the history" (haría a otros sentir la historia): De una entrevista con Octavia E. Butler en *Publishers Weekly*, incluida en su obituario del *New York Times*, 1ro de marzo de 2006.

A TODAS LAS MUJERES

CUYAS HISTORIAS SE ENCUENTRAN EN ESTE LIBRO.

GRACIAS POR LIDERAR,

GRACIAS POR SER VALIENTES,

GRACIAS POR SER AUDACES.

CONOCERLAS NOS LLENA DE GRATITUD E INSPIRACIÓN.

A TODAS LAS LÍDERES POR VENIR, SEAN PEQUEÑAS O GRANDES:

ME MUERO DE GANAS DE OÍR SUS HISTORIAS.

Índice

Introducción

Este libro surgió a partir de un proyecto que hice durante el mes dedicado a la HistoriaNegra. Comenzó como un reto de dibujo que me planteé, para ilustrar una figura femenina afroamericana cada día de ese mes de febrero y publicar la imagen terminada en las redes sociales, junto con una breve semblanza de los logros de esa mujer. A medida que investigaba y leía las historias de estas mujeres conocidas y desconocidas, me asombró sentirme tan conmovida. Como mujer negra que soy, he estudiado la historia de mi gente, pero jamás había sentido tal grado de conexión con la belleza y la pasión que había detrás de su audacia. Ya fuera que estuvieran luchando por sus familias o por alcanzar justicia social, o porque se atrevían a querer ser artistas o astronautas; cada una de ellas rompió barreras para las mujeres que vendrían después.

En una sociedad en la que ser negra y mujer significa ser marginada (y, por tanto, invisible), estas mujeres se atrevieron a perseguir lo que anhelaban, y a exigir lo que merecían. Algunas de ellas fueron líderes en contra de su voluntad, y otras no fueron conscientes de su valentía, pero el legado de todas pervive y allana el camino para que otras mujeres como ellas lo sigan. Muchas no pretendían ser pioneras, pero todas lo fueron de alguna manera, y podemos acudir a ellas como fuente de inspiración.

Quería contar la historia de todas ellas en conjunto para rendir tributo no solo a su contribución colectiva a la historia, sino también a su diversidad. A algunas de ellas las reconocerás, como a Harriet Tubman y a Mary Bowser, pero también descubrirás a figuras menos famosas, como Alice Ball y Mary Bowser. Conocerás a científicas, políticas, médicas, pintoras, escultoras y bailarinas, todas negras. No quiere decir que sea un libro únicamente para niñas negras —pues espero que todos los lectores encuentren inspiración en estas historias—, pero sí lo creé pensando en ellas y en la niña que fui. Me pregunto qué tipo de sueños hubiera tenido yo de haber conocido las historias de estas mujeres desde la infancia, si hubiera sabido que tantas personas que se veían iguales a mí habían conseguido semejantes logros. Verse reflejada en la historia de otra persona es algo que puede cambiarnos la vida. Saber que una meta es factible puede empoderarnos. Espero que todos los que lean estas biografías, se parezcan o no a estas pequeñas líderes, queden motivados para ir tras las cosas que les apasionan.

Esta colección reúne solo algunas de las incontables mujeres audaces de raza negra que han hecho cosas extraordinarias y han tenido una vida increíble. Con estas minibiografías, aspiro a despertar el interés de mis lectores y alentarlos a averiguar más sobre ellas y sobre las mujeres que han seguido sus pasos. Las Pequeñas Líderes están aquí para guiarles en su viaje por la historia. Originalmente, me imaginé que cada protagonista era una niña que servía de representación a estas mujeres famosas, y por eso las llamo *pequeñas*. Pero al empezar a sacarlas a la luz, se han agrandado mucho más de lo que hubiera podido pensar. Las diseñé para que sean intercambiables porque quería que mis lectores se vieran en cada una de ellas, y que pudieran sentir esa misma fuerza y posibilidades en sí mismos.

En cada página descubrirán una nueva mujer audaz que cambió la historia. ¡Que sirvan para inspirar el futuro de todos!

Phillis Wheatley
aprox 1753-1784

POETA

Desde muy niña, fue innegable que Phillis Wheatley tenía un don para la literatura. Publicó su primer relato cuando tenía apenas catorce años, toda una hazaña para cualquiera, pero para ella, que era esclava, resultaba algo insólito. Su nombre verdadero, el lugar donde nació y la fecha se desconocen. Cuando tenía ocho años, fue capturada en su país, en África, y la vendieron a un negrero para ser transportada a través del Atlántico hasta Boston, Massachusetts, a bordo de un barco, el Phillis. Luego la compró John Wheatley, que la adquirió para que fuera sirvienta personal de su esposa.

Los Wheatley pronto se dieron cuenta de la inteligencia de la niña y empezaron a cultivarla. Le enseñaron a Phillis de todo, desde teología hasta mitología, una educación muy poco común para una mujer en esos tiempos, y completamente inaudita para una mujer de color.

Gracias a ellos, viajó a Inglaterra para publicar su primer libro: *Poems on Various Subjects, Religious and Moral* (Poemas sobre varios asuntos, religiosos y morales). Fue la primera afroamericana en ser publicada. Mantuvo correspondencia con George Washington y con Voltaire, el famoso escritor y filósofo francés, que la calificó de maestra del verso inglés. Su obra tenía tal fuerza que les sirvió a los abolicionistas como ejemplo de la inteligencia y las prometedoras posibilidades de la raza negra.

En 1767 fue emancipada. Desafortunadamente, su situación económica era difícil y vivió en la pobreza hasta su muerte. A lo largo de su vida recibió todo tipo de elogios y alabanzas, aunque la validación por parte de la sociedad blanca, que habría sido crucial para su éxito, nunca llegó. Nunca pudo encontrar a un editor que la publicara en los Estados Unidos. Su talento innato y sus obras perviven como aportes fundamentales a la literatura estadounidense.

Sojourner Truth
aprox 1797 – 1883

ABOLICIONISTA, ACTIVISTA DE LOS DERECHOS DE LA MUJER

Sojourner nació esclava en el norte del estado de Nueva York, con el nombre Isabella Baumfree. Bajo la Ley de Emancipación Gradual del estado, debía alcanzar su libertad en 1827. Cuando se dio cuenta de que su amo planeaba mantenerla como esclava, escapó junto con su bebita. Pero su huida implicó un precio bastante alto: tuvo que dejar atrás a su hijo de cinco años.

El amo de Sojourner vendió al niño a una plantación a miles de millas en Alabama. Mientras tanto, ella permaneció oculta en Nueva York hasta que llegó el día de su libertad. Tan pronto como pudo, denunció ante un tribunal que su hijo había sido vendido en forma ilegal. Fue una de las primeras mujeres negras en presentar una denuncia en los Estados Unidos, y logró ganar el caso, aunque parecía casi imposible. ¡Y recuperó a su hijo!

En 1843, se cambió el nombre a Sojourner (que quiere decir viajera) y se convirtió en oradora. Recorrió el país divulgando por todas partes su mensaje a favor de los derechos de la mujer y la abolición de la esclavitud. Aunque Sojourner no sabía leer ni escribir, su voz llegó lejos. En diciembre de 1851 ofreció un discurso espontáneo. En este, abordó el hecho de las mujeres negras que se enfrentaban a la doble discriminación del racismo y el sexismo, y que a menudo habían quedado al margen en la lucha por la igualdad. Este discurso se conoce por su frase más famosa: "¿Acaso no soy una mujer?". (*Ain't I a woman?*)

Siguió alentando a los afroamericanos para que pelearan por el bando del norte, el de la unión, en la Guerra de Secesión y a luchar para que a los antiguos esclavos tuvieran una vivienda, y se terminara la segregación en los tranvías. Fue una rebelde y una decidida activista a favor de la igualdad.

¿Acaso no soy una mujer?

Harriet Tubman
1822–1913

ABOLICIONISTA, ENFERMERA, GUÍA, ESPÍA

Araminta Harriet Ross fue una de nueve hijos, todos esclavos. Sus padres provenían del África Occidental, del pueblo guerrero Ashanti. Muchos de sus hermanos fueron vendidos a plantaciones lejanas, pero Harriet tuvo la suerte de permanecer junto a sus padres. A los quince años, fue golpeada por accidente en la cabeza con una pesa de hierro, y estuvo tres días en coma. La lesión cerebral le produjo narcolepsia, un padecimiento permanente por el cual se quedaba dormida en el momento menos pensado. Temiendo que su amo descubriera su problema, decidió huir y así evitar el riesgo de que la vendieran.

Tras escapar a la libertad en 1849, Harriet hubiera podido quedarse en el norte del país, pero ya que sabía que era posible huir de la esclavitud, quiso volver por su familia y por todos cuantos pudiera rescatar. Durante los siguientes once años, regresó al sur diecinueve veces y condujo a más de 300 personas hacia la libertad, entre hombres, mujeres y niños, a través de un sistema secreto conocido como "ferrocarril subterráneo". En su papel de "conductora", Harriet "no perdió a ninguno de sus pasajeros". A pesar del peligro, arriesgó su vida continuamente para salvar a otros. Y no fue la única vez que lo hizo. Durante la Guerra de Secesión, fue enfermera del ejército, y también sirvió como espía encubierta para el bando del norte.

Siempre buscó la forma de ayudar a los demás. Lo poco que tuvo, lo entregó a otros. Vivió en la pobreza la mayor parte de su vida y donó tiempo, dinero y pertenencias a los necesitados.

En 2016, el Tesoro de los Estados Unidos anunció una propuesta histórica para cambiar el diseño del billete de 20 dólares: se sustituiría la efigie de Andrew Jackson por la de Harriet, convirtiéndose así en la primera mujer en figurar en los billetes estadounidenses.

Rebecca Lee Crumpler
1831 - 1895

MÉDICA

Desde que era pequeña, cuidar de los demás fue parte de la vida de Rebecca. Creció en Pensilvania, al lado de una tía que proporcionaba atención de salud a los vecinos de los alrededores. Esta pasión por ayudar a la comunidad se convirtió en su misión.

Asistió a un colegio privado en Massachusetts y luego trabajó como enfermera durante ocho años. En 1860, solicitó admisión a una escuela de medicina para blancos, la Escuela Femenina de Medicina de Nueva Inglaterra, lo cual fue un paso audaz y riesgoso, pero fue aceptada. Se graduó en 1864, convirtiéndose en la primera médica afroamericana del país. Entre los más de cincuenta mil médicos que había en los Estados Unidos en aquella época, apenas unas trescientas eran mujeres, y Rebecca era la única de raza negra.

Comenzó a ejercer en Boston, especializándose en el cuidado de mujeres y niños. Pero cuando terminó la Guerra de Secesión, se mudó a Richmond, Virginia, para trabajar en la oficina gubernamental a cargo de los libertos. El derrotado gobierno confederado era extremadamente hostil hacia los esclavos recién liberados, así que Rebecca trabajó con la oficina para ofrecerles atención médica. Ella había nacido libre en Delaware, el estado con la mayor cantidad de negros libres antes de la guerra. Las adversidades y el racismo del sur le resultaban desconocidos, pero los soportó para poder ayudar a pobres y necesitados.

A lo largo de su carrera, Rebecca mostró una especial pasión por el cuidado de mujeres y niños. En 1883, publicó un texto en dos partes titulado *A Book of Medical Discourses* (Libro de disertaciones médicas). La primera parte se centra en el cuidado de los niños, y la segunda en la salud femenina. Posiblemente sea el primer artículo médico publicado por una mujer negra.

Mary Bowser
aprox 1840 – ?

ESPÍA DURANTE LA GUERRA DE SECESIÓN

Se sabe muy poco de la vida de Mary. Lo que sí conocemos es que nació esclava en Richmond, Virginia, alrededor de 1840. Fue vendida a una familia muy rica, los Van Lew, para servir de compañía a su hija Elizabeth. Pero los Van Lew no eran una típica familia del sur, sino que tenían un secreto: eran espías del norte y, además, abolicionistas involucrados en el "ferrocarril subterráneo".

Antes de la Guerra de Secesión, cuando Mary era una adolescente, Elizabeth la liberó y se las arregló para que recibiera educación en Filadelfia. Mary quería colaborar con los Van Lew en sus esfuerzos en contra de la Confederación. En ese entonces, en el sur era ilegal que una persona de raza negra se educara o supiera leer. Por esa razón, nadie sospecharía que Mary representaba una amenaza. Como esclava, podía disimular por completo su situación. Así que accedió a ser espía encubierta mientras trabajaba como esclava en la Casa Blanca de la Confederación, bajo el mandato de Jefferson Davis. Mientras hacía la limpieza, podía ojear memorandos confidenciales, y al servir la cena, podía escuchar las conversaciones entre oficiales confederados sin despertar sospechas. Le pasaba a Elizabeth la información sobre los movimientos de las tropas y los planes del ejército, y esta, a su vez, se lo comunicaba a los oficiales de la unión. Se dice que Mary tenía una memoria fotográfica y que era capaz de leer una sola vez una página y luego recitarla palabra por palabra.

Después de la guerra, Mary educó a los esclavos libertos, y viajó por los Estados Unidos como oradora. Durante mucho tiempo, tuvo mucho cuidado de ocultar su verdadera identidad, con una serie de nombres ficticios. Luego desapareció, aunque se la recuerda. En 1995, fue acogida en el Salón de la Fama de la Inteligencia Militar.

Mary Eliza Mahoney
1845 – 1926

ENFERMERA

Mary se crio como liberta, en Massachusetts, antes de la Guerra de Secesión. A pesar de que sus opciones de tener una carrera eran limitadas por ser negra, Mary sabía que quería ser enfermera. A los dieciocho años empezó a trabajar en el Hospital para Mujeres y Niños de Nueva Inglaterra, pero no en la labor de salvar vidas: tendría primero que trabajar en la cocina y haciendo la limpieza.

Aunque Massachusetts era uno de los estados que encabezaba el movimiento abolicionista, la discriminación y la segregación todavía eran la norma. Sin embargo, el hospital se enorgullecía del hecho de recibir tanto a pacientes blancas como negras. Y también tenía un curso de enfermería que admitía a una alumna negra y otra judía cada año. Esto se consideraba muy progresista. Mary trabajó durante quince años en el hospital antes de que la admitieran en el programa de enfermería a la edad de treinta y tres años, en 1878. Ese año, ingresaron cuarenta y dos estudiantes y solo se graduaron cuatro. Mary se contaba entre ellas.

Como enfermera privada, ella tenía una excelente reputación por su destreza y su paciencia. Viajó por toda la costa este y su trabajo sirvió para cuestionar el racismo en el sur. Poco después fue aceptada como miembro de la Asociación de Enfermería de los Estados Unidos (ANA). En 1908, ayudó a fundar la Asociación Nacional de Enfermeras de Color Graduadas, que luego establecería un galardón con su nombre.

La carrera de Mary como enfermera duró cuarenta y tres años. Fue reconocida como pionera, y en 1976 pasó a formar parte del Salón de la Fama de la ANA. Su antiguo hospital de Nueva Inglaterra, remombrado como Dimock Center en 2007, tiene una sede nueva bautizada en su honor: el Mary Mahoney Center.

Charlotte E. Ray
1850–1911

ABOGADA

Su padre era pastor religioso y editor de un periódico de corte abolicionista. Su madre ayudaba a esclavos a escapar hacia el norte en el "ferrocarril subterráneo". Entre los dos, se aseguraron de que sus siete hijos recibieran educación superior. Charlotte definitivamente heredó las cualidades de activista y proactiva de sus padres. De joven, se mudó de Nueva York a la ciudad de Washington D.C., para ingresar en el Instituto para la Educación de la Juventud de Color.

Tras culminar sus estudios, empezó a dar clases en la Universidad de Howard, a los alumnos que iban a convertirse en maestros de escuela primaria. Pero Charlotte tenía otros planes. Solicitó su ingreso en la Facultad de Derecho de la misma universidad, que era exclusivamente para varones, bajo el nombre de C. E. Ray. El comité de admisiones se sorprendió al descubrir que la aspirante era mujer, pero la dejaron entrar en el programa. Estudió Derecho Comercial mientras seguía enseñando, lo cual implicó un ritmo de trabajo muy exigente, pero en 1872 completó la carrera y se convirtió en la primera abogada afroamericana, y la tercera mujer en culminar los estudios de Derecho.

Sus capacidades y su conocimiento de leyes eran notorios, pero su género y su raza le impidieron labrarse una carrera. Durante varios años intentó establecer su despacho de abogada sin suerte.

Esto no la frenó y buscó impactar de otra manera. Volvió a la enseñanza, esta vez con jóvenes en el sistema de educación pública. Fue una firme partidaria del derecho al voto femenino y, en 1876, figuró entre las delegadas de la Asociación Nacional de Sufragistas. Se la recuerda como pionera, y su legado pervive en el Premio Charlotte E. Ray, que cada a año se entrega a una estudiante afroamericana de leyes con un futuro prometedor.

Ida B. Wells
1862–1931

PERIODISTA, ACTIVISTA

Ida fue una activista nata. Donde quiera que viera injusticias, las denunciaba. Nació esclava en Mississippi. Cuando la emancipación llegó al sur, ella era aún niña y por eso tuvo la oportunidad de recibir educación. Al terminar sus estudios, trabajó como maestra, pero perdió su empleo por criticar las malas condiciones de las escuelas segregadas para negros.

En 1884, setenta y un años antes de que Rosa Parks se negara a ceder su asiento en un auto en Montgomery, Alabama, Ida se rehusó a dejar su lugar en el vagón para mujeres de un tren en Memphis, Tennessee. Tenía un boleto de primera clase, pero se le pidió que se bajara para pasar al vagón de las afroamericana.

Ida no lo hizo sin protestar.

Presentó una denuncia contra la compañía ferroviaria, pues no había ninguna regla que estableciera que las mujeres negras no podían viajar en el vagón para mujeres. Ganó la demanda en un tribunal local, pero pasaron su caso a una corte federal. Las leyes de segregación entraron en vigor al poco tiempo en Tennessee, e Ida no logró que su reclamo se atendiera. Tres años después, su caso fue anulado. Plasmó su frustración en un artículo periodístico firmado bajo el seudónimo Iola; más adelante se convertiría en Iola, la Princesa de la Prensa.

El periodismo pasó a ser su válvula de escape. Fue dueña y editora del periódico *Memphis Free Speech and Headlight* y luego del *Free Speech*. Su postura en contra del linchamiento fue radical y recibió amenazas de muerte por ello. En 1898 lideró una enorme campaña antilinchamiento que llegó hasta la Casa Blanca. Ida conocía la fuerza de sus palabras y el poder del conocimiento, y siguió usando su voz para reivindicar lo correcto.

Memphis Free Speech and Headlight

Lola,
Princesa
de la
Prensa

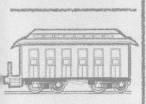

"La forma
de corregir
los errores
es encender
la luz de
la verdad
sobre ellos."

Paren ya
los
linchamientos!

¡Abajo
los
linchamientos!

¡Paren
ya los
linchamientos!

¡Paren
ya los
linchamientos!

Zora Neale Hurston
1891 – 1960

ESCRITORA, FOLCLORISTA, ANTROPÓLOGA

Zora tuvo una infancia fuera de lo común que la llevó por el camino de la narración de historias y la creatividad. Nació y creció en Eatonville, una localidad histórica del norte de Florida. En 1886 se había convertido en la primera ciudad con población y gobierno negros en los Estados Unidos. Era un entorno idílico y acogedor que fomentó un agudo sentido de orgullo por su cultura y sus tradiciones.

De joven, Zora pasó por diversos empleos y ahorró lo suficiente para inscribirse en la Universidad de Howard en 1918. Allí publicó su primer relato. En 1925, al haber ganado una serie de premios literarios llamó la atención de varios autores negros reconocidos que vivían en Harlem. Ese año se mudó a Nueva York y continuó con sus estudios como primera alumna negra en Barnard College, una universidad exclusivamente femenina. Trabajó junto a famosos creadores como Langston Hughes, Countee Cullen y Alain Locke, que participaban en el movimiento artístico negro conocido como el Renacimiento de Harlem. Los llamaron los Nuevos Negros. Zora fue reconocida como una autora que personificaba el movimiento, y se la consideró su "reina".

Reconoció la necesidad de registrar los cuentos de la tradición popular afroamericana y los homenajeó mucho antes de que el resto del mundo descubriera su importancia. Sus libros más famosos incluyen la que se considera su obra maestra, *Their Eyes Were Watching God* (Sus ojos miraban a Dios), una novela inspirada en el pasado de Eatonville. En *Mules and Men* (Mulas y hombres), su colección de relatos del norte de Florida, se encargó de rastrear y registrar los cuentos que formaban la base de la rica cultura sureña afroamericana. *Tell My Horse* (Dile a mi caballo) fue el resultado de años de investigación y estudio del folclore y la religión en Jamaica y Haití. Tras su muerte, la famosa autora Alice Walker la denominó un *genio del sur*.

Alma Woodsey Thomas
1891 – 1978

MAESTRA, PINTORA

Nació en Columbus, Georgia, y creció entre hermosos paisajes y vegetación exuberante. De niña, se mostró prometedora en la arquitectura, pero su verdadero amor era el arte. Al entrar por primera vez al salón de arte en la secundaria, dijo que era como estar en el cielo.

Disfrutaba mucho trabajando entre niños así que comenzó su carrera como maestra de preescolar. Enseñó arte y manualidades durante varios años, para luego irse a la Universidad de Howard. Allí fue la primera estudiante del nuevo departamento de arte a quien el propio fundador animó para que se dedicara de lleno a la pintura. Sin embargo, al graduarse volvió a su primer amor: la educación. Dedicó su vida a los niños, y pasó treinta y cinco años como profesora de la Escuela Secundaria Shaw.

Siguió pintando, y aprovechó las vacaciones de verano para cursar la maestría en Educación Artística en la Universidad de Columbia, en Nueva York. Se la asocia con el movimiento de los campos de color, un grupo de pintores que empleaban formas de colores sólidos, o "campos", como medio de expresión visual.

En 1960, Alma se retiró de la enseñanza para concentrarse del todo en la pintura. En la Universidad de Howard presentó una exposición para la cual creó algo del todo diferente a lo que había hecho antes. Inspirándose en la naturaleza, plasmó en sus cuadros diminutos rectángulos coloridos y formas que se repetían, y acabarían por convertirse en su sello como artista.

En 1972, a los ochenta años, los cuadros de Alma se exhibieron en el Museo Whitney de Arte Americano. Fue la primera vez que una afroamericana expuso en uno de los museos de arte más importantes del país. Alma representa un verdadero testimonio de la dedicación a lo que uno ama, y de la paciencia que implica dejar que eso crezca y madure.

El color es vida

Alice Ball
1892–1916

QUÍMICA, MÉDICA, CIENTÍFICA

Con padres fotógrafos, el interés de Alice por los químicos utilizados en fotografía surgió desde niña. Acudió a la universidad en Seattle, su ciudad natal, y allí se graduó no de una carrera, sino de dos: Química Farmacéutica y Química. ¡Un logro increíble para una jovencita! En ese entonces, la mayoría de la población afroamericana de la ciudad tenía empleos relacionados con servicios, como aseo doméstico o preparación de alimentos. Pero Alice desafió esas expectativas y sus circunstancias al aspirar a una educación, y luego seguir una carrera como científica.

En 1915, se convirtió en la primera afroamericana en obtener una maestría en la Universidad de Hawai. Mientras investigaba para su tesis de grado, desarrolló un método que llegaría a convertirse en la principal forma de tratar la lepra, una enfermedad grave e incurable. Encontró la manera de que el aceite de la semilla del árbol de chaulmoogra (o ginocardia) pudiera absorberse a través de la sangre. Este tratamiento se convirtió en el principal método que se utilizaría hasta la década de los años cuarenta, y durante mucho tiempo no se supo que ella había sido la inventora. Menos de dos años después de su descubrimiento, Alice murió, y el director del programa en el que trabajaba se apropió del mérito de sus hallazgos. El tratamiento se conocería como el método Dean.

No fue sino hasta los años setenta que los historiadores se enteraron de la verdad y se encargaron de que Alice recibiera el crédito por tan importante descubrimiento. El 29 de febrero de 2000, la Universidad de Hawai le hizo un homenaje al dedicarle una placa honorífica bajo el único árbol de chaulmoogra que existe en su campus. Allí, el vicegobernador de Hawai declaró que el 29 de febrero se celebraría el Día de Alice Ball.

HYDNOCARPUS
WIGHTIANUS
CHAULMOOGRA
ALICE BALL

Bessie Coleman
1892-1926

AVIADORA

Bessie se crio en Texas, en una pequeña población segregada. Con tres hermanos menores, tenía muchas responsabilidades en casa: lavar la ropa a mano, conseguir agua limpia y, además, recorrer a pie las cuatro millas de ida y regreso a la escuela todos los días.

Bessie sabía que algún día dejaría su pueblo. En 1915, se fue a vivir a Chicago con sus hermanos mayores que habían servido en el ejército durante la Primera Guerra Mundial y le contaron que en Francia las mujeres podían pilotear aviones, a diferencia de lo que sucedía en los Estados Unidos. Esto hizo que ella sintiera mucha curiosidad, muchísima.

Trató de ingresar en todas las escuelas de aviación que pudo encontrar, pero le negaron la entrada. En ninguna de ellas pensaban que una chica pudiera llegar a volar, y menos si era negra. Bessie quería demostrarles que se equivocaban. En 1920, se mudó a Francia y allí, al fin, pudo aprender a volar un avión. Tenía tanta aptitud, que se graduó en tan solo siete meses cuando el curso normalmente tomaba diez meses. Así que, en 1921, Bessie se convirtió en la primera afroamericana en recibir la licencia de piloto. Se especializó en paracaídismo y acrobacia aérea y era capaz de hacer todo tipo de piruetas.

Tras regresar a los Estados Unidos, voló en espectáculos multitudinarios. Era muy popular tanto entre negros como entre blancos, y siempre que pudo se pronunció en contra de la segregación y la discriminación. Aspiraba a abrir su propia escuela de aviación para enseñar a volar a otras jovencitas de color. Por desgracia, durante un espectáculo aéreo en 1926, una falla mecánica hizo que su avioneta se estrellara. Bessie falleció, pero su legado pervive. En 1977, el Club de Aviación Bessie Coleman se inauguró en Chicago, con el fin de apoyar a las mujeres de cualquier raza a hacer realidad su sueño de volar.

"Me enfoqué en intentar. Intenté y fui exitosa."

Augusta Savage
1892-1962

MAESTRA, ESCULTORA

Augusta creció en una familia pobre con trece hijos en Green Cove Springs, Florida. De niña no tenía juguetes, pero le encantaba fabricarlos. Pasaba mucho tiempo en el patio, donde el suelo de tierra contenía una buena cantidad de arcilla roja. Fue allí donde aprendió a modelar animalitos en miniatura para ella y otros niños. Sin embargo, su padre no estaba de acuerdo con su creatividad. A pesar de que implicaba contrariarlo, Augusta siguió con sus esculturas.

En 1921, se mudó a Harlem, un vecindario predominantemente afroamericano en la ciudad de Nueva York. En ese entonces, la comunidad estaba viviendo un apogeo artístico conocido como el Renacimiento de Harlem, y Augusta fue parte de este. Su arte floreció, pero eso no cambió las duras condiciones del racismo que prevalecían en los Estados Unidos y en el resto del mundo. Luchó abiertamente en contra de los prejuicios raciales en el entorno artístico, y fue etiquetada como problemática. Ella insistía en su rebeldía. Decía que se rebelaba no solo por ella, sino también por los futuros estudiantes de color.

Dedicó buena parte de su vida a enseñar arte y pintura, y a fomentar que los jóvenes dieran rienda suelta a su pasión artística. Sentía que las creaciones de sus alumnos podrían ser parte de su propio legado. En Harlem abrió su propia academia: la Escuela Savage de Artes y Oficios, y se convirtió en la primera directora del Centro Comunitario de Arte de Harlem. En 1939, llevó a cabo su obra más icónica: una enorme pieza que le encargó la Feria Mundial de Nueva York, titulada: *Alcen todas las voces y canten*, conocida también como *El arpa*. A pesar de su éxito en las artes, Augusta pasó por penurias económicas y despertó reacciones racistas hasta el final de su vida, pero siempre se las ingenió para seguir dedicada al arte.

Marian Anderson
1897–1993

CANTANTE DE ÓPERA

Apodada Baby Contralto, Marian siempre tuvo un futuro en la ópera. Comenzó a cantar en el coro de una iglesia de Filadelfia, su ciudad natal, cuando apenas tenía seis años. La congregación religiosa quería ayudar a cultivar su talento natural, así que reunieron fondos para costearle clases de canto.

En los años treinta, Marian se presentaba en grandes auditorios e instituciones famosas de los Estados Unidos y Europa y, a menudo, fue la primera mujer negra en hacerlo. En 1935, fue invitada a la Casa Blanca para cantar ante el presidente Franklin D. Roosevelt y la primera dama, Eleanor Roosevelt. Fue la primera afroamericana en recibir semejante honor. Sin embargo, esto no impidió que la discriminación afectara su carrera.

En 1939 se le prohibió presentarse en el auditorio Constitution Hall en Washington D.C. Cuando Eleanor Roosevelt se enteró, la invitó a cantar en el Lincoln Memorial, el Domingo de Pascua. Marian cantó frente a una multitud de 75,000 personas y su presentación se transmitió en vivo en todo el país.

Marian fue una de las grandes figuras escénicas, a nivel nacional, durante muchos años. En 1955, se convirtió en la primera afroamericana en actuar con la Metropolitan Opera de Nueva York. Fue ella quien entonó el himno nacional para la toma de posesión del presidente John F. Kennedy. Él le concedería, más adelante, la Medalla Presidencial de la Libertad. Marian participó en el Movimiento por los Derechos Civiles y, en 1963, cantó en la Marcha sobre Washington por el Trabajo y la Libertad.

Fue una pionera y líder en su campo, con una trayectoria larga y destacada. Con su voz llegó a personas de todas partes del mundo y, cuando tuvo que enfrentarse a la adversidad, se sobrepuso.

Josephine Baker
1906–1975

CANTANTE, BAILARINA

Josephine se inició muy pronto en la industria del entretenimiento. De niña, en St. Louis, Missouri, organizaba pequeños espectáculos de canto y baile con los niños del vecindario. A los catorce años ya estaba trabajando como tramoyista en teatros de la ciudad.

La primera vez que se presentó en escena llamó la atención con su alocada forma de bailar y su picardía. Se destacaba entre las coristas, y los demás artistas la acusaban de querer robarse el show. Pero era nada más el estilo de Josephine.

Su carrera despegó realmente al trasladarse a Europa. Francia se convirtió en su patria adoptiva, y París, en su escenario. Cuando regresó a los Estados Unidos, el público no fue muy receptivo, pues veían a una mujer negra que se creía mejor que los demás. Al mismo tiempo, ella quedó conmocionada por la discriminación y los prejuicios que encontró. Desde entonces, siempre se encargó de negociar cláusulas de no discriminación en los contratos de sus presentaciones, y luchó porque hubiera público de todas las razas.

Su audacia no terminó ahí. Durante la Segunda Guerra Mundial trabajó con la Resistencia francesa: se encargó de pasar mensajes secretos, ocultándolos en sus partituras o entre su ropa interior. Una vez terminada la guerra, Francia le concedió dos de sus mayores honores militares.

Josephine construyó una familia numerosa y amorosa con niños que adoptó de todas partes del mundo. Los llamaba la Tribu Arcoíris. En 1963, regresó a los Estados Unidos para unirse a la famosa Marcha sobre Washington, convocada por Martin Luther King Jr. Ese día fue la única mujer entre todos los oradores.

Josephine nunca se conformó con encajar en los moldes. Siempre se hizo notar a su manera. Fue una mujer valiente que llegó mucho más allá de su papel como artista.

Mahalia Jackson
1911 – 1972

CANTANTE DE MÚSICA GÓSPEL

Mahalia nació y creció en Nueva Orleans, siempre entre el sonido del *blues* y la tradición del Mardi Gras. De niña, cantaba en las noches temas de Bessie Smith en su habitación. Pero la pequeña Halie, como le decían, provenía de una familia muy religiosa, para la cual la única música aceptable era la llamada góspel. Hizo su debut en el coro de la iglesia baptista Mount Moriah y todos los presentes quedaron maravillados con su increíble voz.

Con los años, sintió la necesidad de cantar música que no fuera religiosa, pero le había prometido a su familia que solo cantaría góspel, y respetó esa promesa hasta el fin de sus días. Rechazó propuestas de grandes clubes nocturnos y subsistió con muy poco dinero. En 1946 grabó un disco, un sencillo, con la canción "Move On Up a Little Higher", que vendió más de dos millones de copias. Tenía tantos seguidores en los Estados Unidos que viajaba haciendo presentaciones que atraían grandes multitudes formadas por negros y blancos. Sin embargo, la segregación era todavía la norma, y Mahalia luchaba contra ella tanto en sus presentaciones como fuera de ellas. Cuando estaba de gira, llevaba comida en su vehículo, para así no verse relegada a la sección *gente de color* de los restaurantes.

A petición de Martin Luther King Jr. participó en el boicot de autobuses de Montgomery, y, en 1963, cantó en la Marcha sobre Washington por el Trabajo y la Libertad, en la que el reverendo King dio su famoso discurso: "Tengo un sueño". Mahalia estaba en el podio tras él y, cuando empezó a improvisar, le gritó: "¡Cuéntales, Martin! ¡Cuéntales de ese sueño!".

Esa parte del discurso, la más famosa, no fue planeada, pero Mahalia sabía que las palabras de Martin Luther King Jr. podían ser poderosas, y que sería importante compartirlas.

La Reina
del Góspel

Rosa Parks
1913–2005

ACTIVISTA, ESCRITORA

Rosa odiaba las reglas de la segregación que la habían rodeado en su infancia y adolescencia en Montgomery, Alabama: solo podía tomar agua en los bebederos autorizados y no se le permitía entrar en los restaurantes exclusivos para blancos. En el sur, las reglas de los autobuses eran muy estrictas: una persona negra debía montarse por la puerta delantera, pagar su pasaje, y bajarse para luego subir por la puerta trasera. Cada autobús tenía tres secciones: la del frente, solo para blancos; la de atrás, para negros, y una intermedia. Una persona negra podía sentarse en la del medio, si estaba vacía. Pero si un blanco quería sentarse allí, los negros que estuvieran en ella debían irse a la de atrás, aunque les tocara ir de pie.

En diciembre de 1955, tras una larga jornada de trabajo, Rosa esperaba un autobús con asientos libres, y finalmente pasó uno con un lugar vacío en la sección intermedia. La sección de blancos se llenó pronto, y a ella y a otros se les pidió que se movieran para atrás. ¡Era el colmo! Se negó a dejar su asiento. El chofer del autobús la demandó, y ella acabó en la cárcel. Aprovechó la única llamada telefónica que podía hacer, para contactar a sus amigos de la Asociación Nacional para el Progreso de las Personas de Color (NAACP).

No fue la primera en oponerse a esas leyes, ni tampoco lo hacía por primera vez (ya la habían arrestado por esa misma causa), pero atrajo la atención de todo el país. Martin Luther King Jr. pidió boicotear el transporte público en Montgomery, y esa acción fue crucial para el Movimiento por los Derechos Civiles, pues desencadenó protestas en todo el país, y al final tuvo éxito ¡En 1956, el sistema de autobuses dejó de estar segregado!

Pero aún quedaba un largo camino en la lucha por los derechos civiles, así que Rosa siguió trabajando con la NAACP y el movimiento Black Power (Poder Negro) hasta su muerte.

Gwendolyn Brooks
1917 - 2000

ESCRITORA, POETA

Gwendolyn siempre sintió un verdadero amor por el idioma. Publicó su primer poema a los trece años, y a los dieciséis tuvo la ocasión de conocer a los famosos escritores negros James Weldon Johnson y Langston Hughes, que la animaron a seguir escribiendo. Johnson se convirtió en su mentor, y la alentó a leer a otros poetas como T. S. Eliot y Ezra Pound. Gwendolyn consiguió que la reconocieran como una escritora que se centraba en la experiencia negra, y que sacaba a la superficie la vida de personas comunes y corrientes de raza negra.

En 1943, publicó su primera colección de poemas sobre la vida de los afroamericanos con el título *A Street in Bronzeville* (*Una calle en Bronzeville*), y obtuvo el reconocimiento de la crítica. En 1949 escribió otro poemario sobre la juventud de una joven negra llamada Annie Allen y, un año después, ese libro recibió el Premio Pulitzer, el más alto galardón literario en el país. Con esto logró ser la primera afroamericana en obtenerlo. Le encantaba la magia que podía producirse con diferentes técnicas literarias, así que había puesto allí todas sus destrezas técnicas. Era una obra única en cuanto a juegos de palabras complejos y una estructura creativa. Se había enfocado en problemas cotidianos para iluminar con ellos temas trascendentales, como el lugar de la mujer en la sociedad.

En los años sesenta, recibió mucha influencia de un grupo de escritores jóvenes que tenían un deseo enorme de escribir poesía para negros, por los negros y sobre los negros. Esto afectó su estilo que pronto empezó a ser más escueto y menos técnico. La escritura de Gwendolyn siempre fue un reflejo del momento y el lugar en el que se encontraba y, algo aún más importante, un reflejo de la experiencia afroamericana.

Ella Fitzgerald
1917 – 1996

CANTANTE DE JAZZ

De joven, en Virginia, Ella añoraba alcanzar la independencia de sus padres y soñaba con llegar a ser una artista del espectáculo. En la adolescencia, tuvo que vivir en las calles y cantar a cambio de monedas. En 1934, a los diecisiete años, tuvo su gran oportunidad. Se inscribió al concurso de aficionados del Teatro Apollo en Harlem, como bailarina. Pero cuando vio a los demás concursantes, decidió que lo que haría sería cantar. Todos estaban vestidos con conjuntos de trajes brillantes mientras que ella iba andrajosa. Logró fascinar al público y ganó el primer premio de 25 dólares (que hoy equivalen a unos 500), y así pasó de la miseria a la riqueza.

Al año siguiente, obtuvo el puesto de primera cantante en la orquesta de Chick Webb, una banda que tocaba frecuentemente en uno de los clubes nocturnos más de moda en Harlem: el Savoy. Al mismo tiempo iba construyendo su carrera como solista. En 1938, grabó su primer álbum que contenía su primer éxito: A-Tisket A-Tasket. Desde entonces, su fama fue ascendiendo. En los años cincuenta desarrolló su famoso estilo de canto que imitaba instrumentos, el *scat*. Colaboró con los más grandes de la industria de la música, entre ellos, Duke Ellington, Louis Armstrong, Count Basie y Frank Sinatra. En 1958 hizo historia al ser la primera afroamericana en conseguir un premio Grammy.

Durante su larga y exitosa carrera, grabó más de doscientos álbumes y más de dos mil canciones. Ha logrado su lugar en la historia como una de las voces más emblemáticas de todos los tiempos. Fue conocida como la Primera Dama del Jazz y la Primera Dama de la Canción.

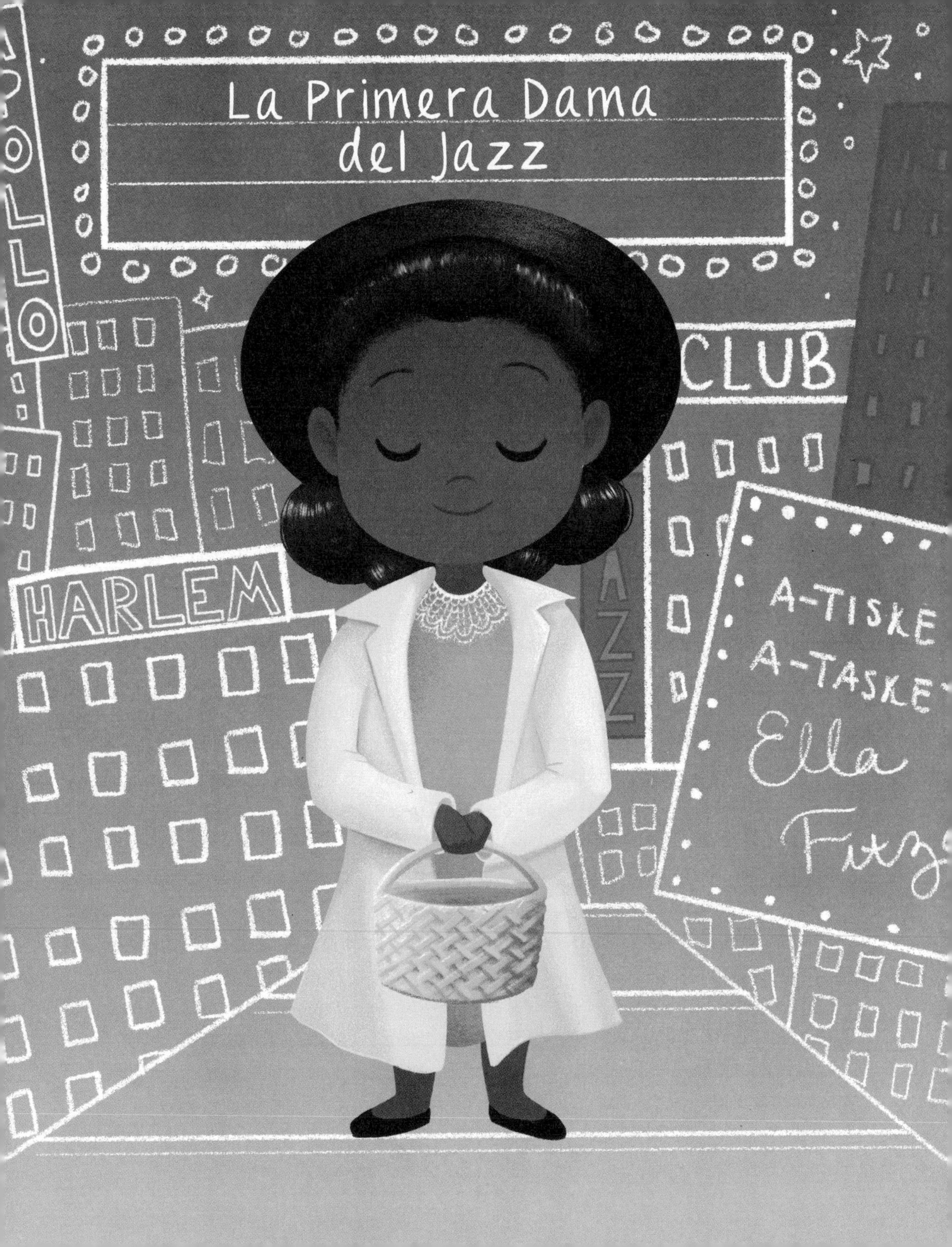
La Primera Dama
del Jazz
CLUB
HARLEM
Ella

Mamie Phipps Clark
1917 – 1983

PSICÓLOGA SOCIAL, CONSEJERA PSICOLÓGICA

Mamie tuvo una niñez feliz con su familia y su entorno escolar, aunque creció entre la Gran Depresión y la segregación en el sur. A los dieciséis años se graduó, y obtuvo una beca para estudiar Matemática y Física en la Universidad de Howard. Luego se pasó a Psicología, la misma carrera de Kenneth Clark, su futuro esposo y colaborador de investigación.

Nunca pensó que la segregación pudiera cuestionarse y ser desafiada hasta el verano de 1938, cuando trabajó con Charles Houston, abogado de la NAACP. A su lado vio cómo se preparaban los activistas de los derechos civiles para enfrentarse al monstruo que era la segregación, y se dio cuenta de que sería posible hacer un cambio de verdad al combinar los esfuerzos de personas decididas.

Los estudios de Mamie serían la base para sus novedosas pruebas de las muñecas. Las investigaciones habían mostrado que los niños negros entre los tres y los siete años tenían una marcada preferencia por muñecas blancas. A una muestra de niños, la mitad de los cuales asistían a escuelas segregadas, se les entregaron cuatro muñecas: dos morenas con pelo negro y dos blancas con pelo rubio, con instrucciones como: "Dame la muñeca bonita, dame la muñeca mala" y "dame una que se parezca a ti". Mamie y Kenneth concluyeron que los alumnos de escuelas segregadas desarrollaban un sentimiento de inferioridad y falta de amor propio, y que la integración de blancos y negros lograría una identificación étnica sana y mejoraría las relaciones entre las razas.

Esta conclusión fue una prueba crucial en el caso Brown vs. Junta de Educación, que acogió la Suprema Corte de Justicia en 1954, con el que se determinó que la segregación en las escuelas públicas era inconstitucional. ¡Sus investigaciones cambiaron el curso de la historia para todos los niños de los Estados Unidos! Seguir su pasión la llevó a marcar una diferencia en el mundo.

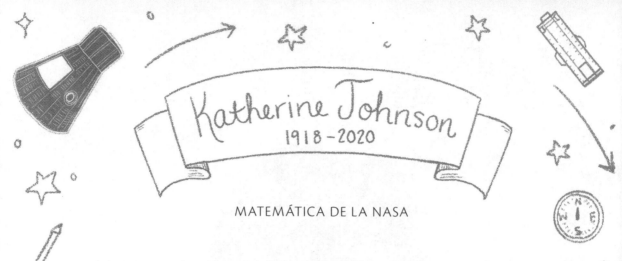

Katherine Johnson
1918–2020

MATEMÁTICA DE LA NASA

Era tal el entusiasmo de Katherine por las matemáticas, que parecían su lengua materna. De niña contaba todas las cosas. Se saltó siete años en la escuela y se graduó antes que sus hermanos mayores. Dio clases de Matemática, hasta que su mentor en la Universidad de Virginia Occidental la convenció de que lo suyo era la investigación en esta ciencia. En 1953, Katherine encontró su oportunidad. El Centro de Investigación Langley de la NASA, situado en Hampton, Virginia, acababa de abrir un laboratorio donde contrataban afroamericanos. Antes de la invención de las calculadoras digitales, los teléfonos celulares o los equipos de cómputo, quienes se dedicaban a hacer cálculos se conocían como *computadoras*.

La asignaron a la división de investigación aeronáutica. Los Estados Unidos estaban en plena carrera espacial, un periodo entre los años cincuenta y sesenta, en que este país competía con la Unión Soviética para ver cuál lograba los mayores avances tecnológicos en viajes espaciales. El objetivo principal era poner un hombre en la Luna. Katherine fue una de las personas que ayudó a que esto fuera posible. Su trabajo consistía en calcular la trayectoria de vuelo para la primera misión espacial. Veamos: la Tierra gira, la Luna rota también, y un cohete tiene que seguir una trayectoria muy específica alcanzar su objetivo en movimiento.

Incluso, cuando se introdujeron las primeras máquinas computarizadas, Katherine siguió siendo crucial. Hizo cálculos hasta el momento de su retiro, en 1986, y su trabajo tuvo un gran impacto sobre todos los programas importantes de la NASA. Durante la misión Amistad 7, en 1962, John Glenn, el primer estadounidense que orbitó la Tierra, se negó a despegar no sin antes saber que ella había revisado los cálculos. En 2015, el presidente Barack Obama le concedió la Medalla Presidencial de la Libertad, el mayor honor civil de los Estados Unidos

Shirley Chisholm
1924 – 2005

PROFESORA, POLÍTICA Y ACTIVISTA

INCOMPRABLE E INGOBERNABLE

Shirley nació en Brooklyn, Nueva York, pero pasó siete años de su niñez en Barbados, con su abuela. Al regresar a los Estados Unidos traía un acento diferente y un sentido de audacia que más tarde otros describirían como típicamente caribeño. En la universidad, se involucró en política y en organizaciones estudiantiles. Los demás se paraban a escucharla por sus opiniones radicales y su fuerte determinación.

Trabajó como profesora en Brooklyn y se forjó un nombre como líder y activista en su vecindario. Hizo trabajo voluntario y se ofreció como consultora en organizaciones que apoyaban a la comunidad, como la Oficina para el Bienestar de la Niñez, el Hogar Geriátrico para Personas de Color, y la NAACP local. También fue muy activa en organizaciones políticas locales, como el Taller de Mujeres Demócratas, la Liga de Mujeres Votantes, y la Liga Política de Bedford-Stuyvesant. Defendía las ideas de bienestar y equidad racial y se enfrentaba a los políticos del lugar. Su franqueza le ganaba el respaldo de la comunidad, pero la hacía muy intimidante para las figuras políticas en el poder.

En 1964 obtuvo un escaño en la Asamblea del Estado de Nueva York, y en 1968 se convirtió en la primera mujer negra en ser elegida congresista de los Estados Unidos. Produjo estupor en su partido cuando se enfrentó a los viejos líderes. Tenía una mentalidad independiente y nunca fue posible encajarla en una tendencia determinada. En 1972, anunció que se lanzaba como candidata a la presidencia, era la primera mujer que lo hacía, y también la primera persona de color en competir por la postulación de uno de los dos principales partidos. Al final perdió, pero alcanzó su objetivo de lograr que su partido fuera más consciente de las necesidades de la gente y respondiera más a ellas.

Althea Gibson
1927–2003

CAMPEONA DE TENIS

Ella misma se definía como una ***rebelde callejera*** y era una niña llena de energía. Creció en las calles de Harlem, y prefería ir a jugar billar, basquetbol o béisbol en la calle con un palo de escoba antes que hacer sus tareas. Tenía problemas con las reglas, pero todo eso cambió cuando descubrió el tenis a los catorce años. Varios socios del Cosmopolitan Club de Harlem se dieron cuenta de su talento y la apadrinaron, enseñándole este deporte e inculcándole el respeto por las reglas.

Una vez que Althea se comprometió con el tenis, ¡se convirtió en una fuerza imparable! A los quince años ganó el Campeonato Nacional Juvenil de la Asociación de Tenis de los Estados Unidos. En ese entonces, la segregación imperaba en la mayoría de los deportes, así que fue todo un acontecimiento cuando Althea participó en un campeonato a nivel nacional, pues era la primera mujer negra en hacerlo. En 1951 sería la primera jugadora negra en el torneo de Wimbledon. Su triunfo, en 1956, en el Abierto de Francia la convirtió en la primera afroamericana en lograr un Grand Slam. Sus victorias allanaron el camino para futuras tenistas, entre ellas Venus y Serena Williams. A pesar de las barreras que rompió a ojos del público, la segregación racial le impidió entrar por la puerta principal, comer con el resto de los competidores o hacer uso de los vestidores.

En 1958 se retiró del tenis. En esos tiempos era difícil ganarse la vida como deportista. A pesar de que se la consideraba una de las mejores del mundo, Althea tuvo que volver al mundo real y buscarse un trabajo. Pero no había terminado con su etapa de rebelde pues, más adelante en su vida, se interesó por el golf y se convirtió en la primera mujer afroamericana en competir en un *tour* profesional.

Maya Angelou
1928–2014

POETA, ACTIVISTA

Además de escritora reconocida, Maya fue muchas otras cosas. En su larga vida desempeñó muchos papeles: cineasta, bailarina, cantante, actriz, activista, operadora de tranvía, dramaturga, ganadora de los premios Grammy y Pulitzer, y leyenda.

Mucho antes de alcanzar todos sus éxitos, Maya no era más que una niñita tratando de encontrar una voz propia. Su verdadero nombre era Marguerite Annie Johnson, y pasó buena parte de su infancia con su abuela en el pueblo de Stamps, Arkansas, en medio de la segregación racial. Su única compañía era su hermano mayor, quien le puso el apodo de Maya.

Maya sufrió abusos cuando tenía apenas siete años. El miedo y el trauma que le quedaron fueron suficientes para convencerla de no volver a hablar nunca más. A lo largo de cinco años, Maya no pronunció una sola palabra, pero durante ese tiempo leyó. Devoró todos y cada uno de los libros que encontró en la biblioteca de su escuela para negros, y todos los libros que pudo conseguir en la biblioteca de la escuela blanca. Y no volvió a hablar sino hasta que una mentora la desafió al decirle: "Nadie ama de verdad la poesía si no puede recitarla".

Maya era una artista con las palabras, y trataba el lenguaje con paciencia y consideración. Otro desafío que disparó su carrera como escritora fue cuando su editor le dijo que era casi imposible escribir una autobiografía en forma lírica. Maya obtuvo el Premio Pulitzer por su obra *I Know Why the Caged Bird Sings* (Yo sé por qué canta el pájaro enjaulado), un relato lírico-poético de su niñez.

En 1992, llegó a ser la primera poeta en escribir y recitar un poema para la inauguración presidencial, y con esto su poesía volvió a estar en boca de todo el mundo. Maya Angelou hizo muchas cosas a lo largo de su vida, y se las arregló para inspirar a todos los que la rodeaban.

Nichelle Nichols
1932–

Desde muy joven, Nichelle fue actriz, cantante y bailarina. Logró su primer papel protagónico a los catorce años, y ahí empezó su exitosa carrera escénica. En 1966, obtuvo el rol con el cual dejaría su huella en el mundo. Fue seleccionada para el reparto de una nueva serie de ciencia ficción, *Viaje a las estrellas*, en la cual sería una oficial de comunicaciones, la teniente Uhura. Con esto, se convirtió en la primera mujer negra en lograr un papel protagónico en un espacio televisivo de horario estelar. Su personaje, una mujer lista, valiente y digna, era tratada con todo respeto. Esto implicaba un cambio radical, pues en esos tiempos la gente de color solo conseguía papeles de sirvientes.

En 1968, en pleno apogeo del Movimiento por los Derechos Civiles, Nichelle y uno de sus compañeros de reparto, que era blanco, hicieron historia cuando se dieron el primer beso interracial en pantalla. Muchos espectadores se molestaron por esta muestra de integración en una serie transmitida por cadenas nacionales, y el estudio recibió quejas. Los productores respondieron relegando a Nichelle a un papel más secundario.

Pensó entonces en regresar al teatro, pero un encuentro casual con Martin Luther King Jr. la hizo cambiar de idea. El reverendo King, fanático confeso de *Viaje a las estrellas*, insistió en que debería continuar en la serie porque era importante para la representación. Era un símbolo de esperanza y fuente de inspiración para la población negra en toda América. Esto sería corroborado pues la Dra. Mae Jemison, la primera afroamericana en viajar al espacio, mencionó a Nichelle como su inspiración para ingresar a la NASA.

Después de *Viaje a las estrellas*, Nichelle siguió inspirando a otras personas. Se convirtió en reclutadora para la NASA, viajando por los Estados Unidos y haciendo contactos con hombres y mujeres afroamericanas.

Nina Simone
1933 – 2003

PIANISTA, CANTANTE, ACTIVISTA

Nina, cuyo nombre verdadero era Eunice Waymon, creció en un hogar rodeado de música. Fue una niña prodigio fascinada por Bach y soñaba con ser la primera pianista negra que diera conciertos de música clásica.

Pero el activismo era tan importante para ella como la propia música. Cuando tenía once años, a sus padres los retiraron de la primera fila durante uno de sus recitales, para que dejaran sus lugares a una pareja blanca. Ella se puso de pie y se negó a tocar hasta que la injusticia no se corrigiera. El suceso la endureció y la llevó a desconfiar, pero le demostró el poder del activismo a través de la música.

Los problemas de finanzas y la discriminación se interpusieron en sus estudios, así que comenzó a dar lecciones de piano. Pronto se dio cuenta de que podía ganar el doble de dinero tocando en los clubes nocturnos de Atlantic City. Cuando los dueños de estos establecimientos le informaron que tocar el piano no bastaba, tuvo que hacerse también cantante. Escogió el nombre artístico de Nina Simone y empezó a cantar. No había manera de saber que su voz se convertiría en una de las voces más emblemáticas de la historia de la música.

En el escenario era donde su genialidad para la música salía a flote. Combinaba diferentes géneros y estilos, esquivando etiquetas y desafiando la clasificación. Mezclaba jazz, música folk, y *blues*, y siempre tuvo cierta predilección por el piano clásico. Nina utilizó su música para reivindicar la justicia social, y escribió canciones en reacción al asesinato de Medgar Evers, líder de la lucha por los derechos civiles, y al bombardeo de una iglesia en la ciudad de Birmingham. Se convirtió en una de las voces que encabezaban el Movimiento por los Derechos Civiles, mientras que sus canciones le sirvieron de banda sonora.

Audre Lorde
1934-1992

POETA, ENSAYISTA, ACTIVISTA

De niña, a Audre le gustaba leer y escribir. Compuso su primer poema a los ocho años, y antes de terminar el bachillerato había publicado sus obras en la revista *Seventeen*. Tras graduarse, hizo un viaje a México que le resultó revelador al encontrar allí un lugar en el cual su raza no era motivo de vergüenza. Con esto, llegó a darse cuenta de que había permitido que esa vergüenza la silenciara. Aprendió lo importante que era su voz, y empezó a utilizarla.

Regresó a los Estados Unidos con una nueva confianza en sí misma e ingresó en la universidad. Al graduarse, trabajó como bibliotecaria, pero sin guardar silencio. Su voz era el instrumento que le sirvió para hablar alto y claro. El Movimiento por los Derechos Civiles estaba fortaleciéndose, y Audre participaba activamente en él. Llegó a ser una renombrada líder, activista y feminista. Trabajó junto a otros autores reconocidos como Niki Giovanni y Amiri Baraka.

Entre sus obras más famosas se cuenta su poemario *From a Land Where Other People Live* (Desde una tierra donde viven otras personas). A los cuarenta y cuatro años, se le diagnosticó un cáncer de seno, y en lugar de mantener la noticia en privado comenzó a hablar abiertamente del tema. Escribió *Los diarios del cáncer*, en donde documentó sus experiencias y cirugías. Este libro dio pie a que se estableciera una conversación sobre las enfermedades para las mujeres, tema del cual poco se hablaba. A los cincuenta años, el cáncer se le había extendido al hígado. Escribió y habló sobre su búsqueda de un nuevo tratamiento, y al hacerlo expuso y criticó a las instituciones médicas y sus insensibles prácticas, a la vez que compartía sus experiencias con otras personas. A Audre se la recuerda como una líder que decía las cosas sin rodeos y una feroz defensora de aquellos que no tienen voz.

Raven Wilkinson
1935–2018

BAILARINA

El amor de Raven por la danza comenzó a los cinco años, cuando su madre la llevó a una función del Ballet Russe de Monte Carlo. Quince años después, Raven se convertiría en su primera bailarina afroamericana, algo nunca antes visto. No fue un camino fácil. La vida de una bailarina nunca es sencilla y, además, ella tuvo que enfrentarse a prejuicios y discriminación por su raza.

El Ballet Russe hacía giras por el sur de los Estados Unidos donde había segregación, y tener un reparto de raza mixta era un riesgo. Sin embargo, su talento era innegable, y en 1955 la aceptaron en periodo de prueba. Su piel era bastante clara, así que la animaron a utilizar maquillaje blanco. Mantuvo su raza en secreto, pero se rehusaba a mentir si le preguntaban directamente.

Aunque tuvo dos años exitosos con el Ballet Russe, el racismo impuso limitaciones en su carrera. Exhausta y desconsolada, dejó la danza por un tiempo. En 1967, fue invitada a unirse al Ballet Real de Holanda y se trasladó a este país por seis años. Estaba por cumplir los cuarenta, y pensó que su carrera como bailarina se acercaba a su fin, así que regresó a los Estados Unidos. Casi de inmediato recibió una llamada del director del ballet de la Ópera de Nueva York, para invitarla a bailar junto con ellos en el Lincoln Center. Raven siguió presentándose hasta cumplir los cincuenta, y continuaría actuando en la ópera hasta 2011.

Cada paso de su camino fue un reto, pero ella persistió. Su fuerza y su gracia abrieron el camino para que otras bailarinas como Misty Copeland, que llegó a ser la prima ballerina del American Ballet Theatre, desafiando así los parámetros físicos y de belleza que se exigían a las bailarinas.

Wilma Rudolph
1940-1994

ATLETA DE VELOCIDAD

Wilma es una de las velocistas más famosas de los Estados Unidos, pero su camino hasta la línea de meta fue largo. A los cuatro años, contrajo la polio, enfermedad para la cual no había cura en ese momento. La enfermedad la dejó con la pierna izquierda paralizada, y debía usar un aparato ortopédico metálico para poder caminar.

Era una niña diferente y esto la hacía motivo de burla. Era bajita y su pelo color arena hacía que se destacara. Pero Wilma además era fuerte. Con gran esfuerzo, determinación y terapia física logró caminar sin su aparato ortopédico a los doce años. Un año después ya corría más rápido que todos los niños y las niñas de su curso.

En la secundaria se unió al equipo de atletismo y empezó a ganar todas las competencias. Cuando tenía apenas dieciséis años, consiguió su primera medalla olímpica en los juegos de Melbourne, Australia, en 1956. Años atrás, no sabía nada de los Juegos Olímpicos pero ahora estaba decidida para ganar un oro.

En Roma, en 1960, se convirtió en la primera estadounidense en ganar tres medallas de oro en una sola olimpiada. Cuando regresó a su casa, en Clarksville, Tennessee, había un desfile organizado en su honor. Pero Wilma se enteró de que sería una marcha segregada, y se rehusó a participar hasta que los organizadores accedieron a integrar a las distintas razas. Por haberse convertido en ícono para el país, sabía que su postura respecto a los derechos civiles tendría impacto y no dejó que el hecho de ser tan joven la detuviera. ¡Es increíble la manera en que una voz valiente pueda marcar una diferencia!

Más adelante Wilma se hizo instructora y entrenadora. En 1981, inició la Fundación Wilma Rudolph para apoyar a los jóvenes deportistas.

Marcelite Harris
1943 – 2018

GENERAL DE LA FUERZA AÉREA

Nadie se hubiera imaginado que Marcelite se convertiría en una de las figuras con más condecoraciones entre los generales de la Fuerza Aérea, ni siquiera ella misma. Tras graduarse en el Spellman College de Teatro y Oratoria, había puesto la mira en Broadway, pero pronto vio una oportunidad en la Fuerza Aérea: un empleo estable que, además, ofrecía la opción de ver el mundo.

Su especialidad era el mantenimiento de aeronaves, aunque le costó convencer a sus colegas varones de su genuino interés en la parte hidráulica de las aeronaves y en la aerodinámica. En 1971, Marcelite llegó a ser la primera mujer entre los oficiales del área de mantenimiento de aeronaves. En los diez años siguientes, viajó de Tailandia a California, de Colorado a Japón, para cumplir tareas de supervisión de escuadrones en diversas bases de las fuerzas aéreas. El mantenimiento del equipo aereonáutico es una labor crucial. Va desde el transporte de suministros hasta la vigilancia de la zona de exclusión aérea, y Marcelite supervisaba todo eso. A pesar de las largas jornadas, se las arregló para inscribirse en más cursos de aviación, obtener un título en Administración de Negocios y criar a tres hijos.

En 1995, fue ascendida a mayor general y con eso pasó a ser la mujer con el rango más alto en toda la Fuerza Aérea, y la afroamericana con mayor rango en el Departamento de Defensa. Ocupó el puesto de directora de mantenimiento en el Pentágono, con lo cual era responsable de todas y cada una de las armas y aeronaves de la Fuerza Aérea. Su carrera se extendió durante treinta años, y fue reconocida con innumerables premios y condecoraciones. Marcelite fue la primera mujer en alcanzar muchos logros en ese periodo, y tenía el compromiso de establecer oportunidades para todas las mujeres en las Fuerzas Armadas.

Angela Davis
1944–

ACTIVISTA, ACADÉMICA

Angela pasó su niñez en medio de la segregación en la ciudad de Birmingham, Alabama, que era el corazón de la lucha por los derechos civiles. En la adolescencia, ya se había involucrado activamente en el movimiento. Organizaba grupos de estudio interraciales que luego eran disueltos por la policía. Este sería apenas el comienzo de la pasión de Angela por el activismo y la academia.

En la universidad, estudió Filosofía y fue alumna del famoso pensador alemán, Herbert Marcuse. Según ella, él le enseñó que podía llegar a ser una académica erudita y, al mismo tiempo, una activista revolucionaria.

Angela no se andaba con rodeos y se convirtió en una de las voces más conocidas de la contracultura. Se afilió a las Panteras Negras, y también se hizo miembro del Partido Comunista de los Estados Unidos, que después llegó a presidir. Ambos grupos se consideraban peligrosos por su oposición al gobierno, y por eso ella pasó a formar parte de la lista de los más buscados del FBI. Algunas de sus pasiones principales eran luchar por la reforma penitenciaria y en contra de la brutalidad de la policía. Se la tachó de problemática por combatir el sistema. La despidieron de su puesto como profesora en la Universidad de California, Los Angeles (UCLA), pero ella respondió con una demanda. Fue encarcelada, acusada de conspiración, y dieciséis meses después fue exonerada. Angela Davis es considerada un símbolo de la lucha en contra de los sistemas de opresión. A lo largo de todo esto, ella conservó su dedicación y gusto por la docencia, y siguió enseñando filosofía hasta los setenta años.

"YA NO
ACEPTO MÁS
LAS COSAS QUE NO PUEDO CAMBIAR.
ESTOY CAMBIANDO
LAS COSAS
QUE NO PUEDO ACEPTAR."

Octavia E. Butler
1947 - 2006

ESCRITORA

A pesar de su dislexia, Octavia empezó escribir a los diez años. Tras ver una película mediocre de ciencia ficción en la televisión, se sintió inspirada a escribir algo mejor. Ese fue su primer intento en este género, que se convertiría en sinónimo de su nombre. En la universidad siguió escribiendo relatos y participó en un taller literario de ciencia ficción reconocido en Pennsylvania, el Taller Clarion.

En 1976, publicó su primera novela, *Patternmaster*, que causó controversia pues era protagonizada por personajes femeninos y negros. Su apogeo llegó en 1979, con la publicación de *Kindred* (Parentesco). Inspirándose en las vivencias de su madre como sirvienta, relató el acontecer de una mujer negra que viaja en el tiempo a la época de la esclavitud. Su intención era que el relato "permitiera que otras personas experimentaran la historia: el dolor y el miedo que los negros habían tenido que vivir y soportar".

La editorial que publicaba los libros de Octavia tenía dificultades para clasificarlos en un género, sobre todo *Parentesco*. ¿Era fantasía, historia, ciencia ficción o ficción? Y no estaban seguros en cuanto al público. ¿Acaso las mujeres negras leían ciencia ficción? Octavia y sus libros demostraron que sí.

Octavia había creado un espacio para que a las niñas negras les gustara la ciencia ficción, un género históricamente asociado con autores blancos y público masculino. Ella pretendía cambiar la percepción de la industria con respecto a quiénes eran los autores y los lectores, y mostrar que este género de la literatura era para todos. A través de sus obras fantásticas, Octavia abordó temas importantes de su propia vida y la sociedad que la rodeaba: raza, esclavitud, humanidad y religión. En 1995, recibió la prestigiosa beca de la Fundación MacArthur, que ningún escritor de ciencia ficción había obtenido antes.

Julie Dash
1952 –

CINEASTA

Parece como si Julie siempre hubiera querido ser cineasta, aunque su camino en el cine comenzó por pura suerte. De adolescente, participó en un taller de cine en el Studio Museum de Harlem. Ella pensaba que sería de fotografía, pero para sorpresa suya resultó ser de cine, y ese medio la entusiasmó. De ahí pasó a estudiar Cine en la universidad, luego hizo una pasantía de dos años en el Instituto Americano de Cine, para luego obtener una maestría en Bellas Artes en la Universidad de California, Los Ángeles (UCLA).

Durante sus años en la UCLA, formó parte de una nueva generación de estudiantes negros en el programa de dirección de cine, se les conocía como los cineastas de La Rebelión. Los movía el amor por el cine y el deseo por hacer películas nuevas incluyentes. Colaboraban todos entre sí y se ayudaban unos a otros, y Julie era la mejor en la parte de maquillaje y peinados.

En 1991, hizo su primer largometraje, *Daughters of the Dust* (Hijas del polvo), sobre una familia de la comunidad gullah/geechee, descendiente de esclavos africanos, en las tierras bajas de la costa de Carolina del Norte y Georgia. La película es un drama lírico que se enfoca en tres generaciones de mujeres y sus preparativos religiosos y tradicionales para un cambio profundo. Fue la primera película dirigida por una afroamericana que se proyectó en el circuito comercial del cine. En 2004, la Biblioteca del Congreso la incluyó en el Registro Nacional del Cine, un listado de películas que se consideran tesoros nacionales.

La pasión de Julie por el cine es verdaderamente notable. Participó en varios proyectos famosos, ha sido nominada para innumerables premios y distinciones y es egresada de los mejores programas de cine del país. En una industria dominada por hombres, a menudo era la primera mujer en participar, pero definitivamente no sería la última.

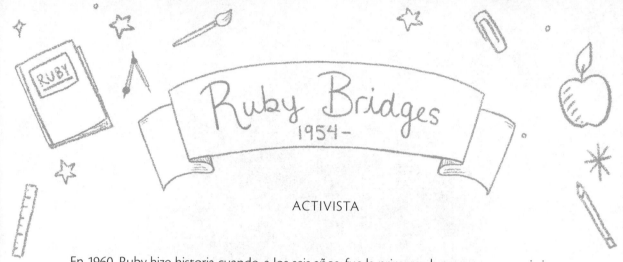

Ruby Bridges
1954–

ACTIVISTA

En 1960, Ruby hizo historia cuando, a los seis años, fue la primera alumna negra en asistir a una escuela exclusivamente para blancos en Nueva Orleans. La Corte Suprema de Justicia había determinado en 1954 que "separados pero iguales" no permitía una verdadera igualdad, y aunque otras ciudades ya habían empezado a eliminar la segregación, había algunas donde las escuelas se dividían según el color de la piel. Con un decreto importante, la Corte ordenó que las escuelas de Nueva Orleans pusieran fin a la segregación, y Ruby fue escogida para ser la primera alumna negra de la escuela primaria William Frantz.

Cada paso fue un reto. Mucho antes, Ruby tuvo que tomar el examen de admisión de la escuela, un examen redactado de tal manera que los alumnos negros tenían menos posibilidades de aprobar. Su padre le temía a lo que pudiera pasar si lo aprobaba, pero su madre la impulsó a hacerlo, para que tuviera una buena educación.

Muchos no apoyaban que se terminara la segregación y hubo manifestantes ante la escuela el primer día de clases de Ruby. La niña tuvo que ser escoltada hasta la puerta por su madre y agentes de policía. Era tan pequeña que no entendía bien lo que estaba sucediendo. Años después, contaría que pensó que era algún tipo de festejo de carnaval debido a la cantidad de gente que vio en las calles. No tenía idea de que protestaban por su asistencia a la escuela.

Una vez dentro de la escuela, las dificultades continuaron. Padres blancos sacaron a sus hijos de las clases, y muchos profesores se negaron a enseñarle a una niña negra. Solo una maestra joven y recién llegada de Boston, accedió a enseñarle. La señorita Henry se convertiría en la única confidente y amiga de Ruby.

Durante la lucha por los derechos civiles, Ruby llegó a ser un símbolo de la vulnerabilidad que enfrentaban todos los afroamericanos.

Primaria Willian Frantz

Srta. H
Septiembre

$1 \times 2 = 2$

$7 \times 2 = 14$

$2 \times 2 = 4$

$= 16$

$3 \times 2 = 6$

8

$4 \times 2 = 8$

$5 \times 2 = 10$

22

$6 \times 2 = 12$

24

Oprah Winfrey
1954–

PERIODISTA, MAGNATE DE LOS MEDIOS

Desde niña, Oprah tuvo aptitudes para hablar bien. La futura reina de la televisión diurna recitaba poemas a los tres años. Tras años marcados por el abandono y el abuso, ya de adolescente se fue a vivir con su padre, quien la animó a leer y a concentrarse en su educación.

Cuando estaba en secundaria, en Nashville, Tennessee, consiguió trabajo en la radio y luego pasó al noticiero local, hasta llegar a ser la presentadora mientras todavía estaba en la universidad. Atravesó un mal momento por involucrarse demasiado con las noticias y dejó de ser presentadora, pero pronto encontró su espacio en los programas de entrevistas, donde su compasión y empatía eran puntos a favor, y su dinámica personalidad resultaba inconfundible. En 1985, transformó un programa local de Chicago en el *Show de Oprah Winfrey*, y un año después se emitía para todo el país.

En 1986, montó su propia compañía productora, Harpo Productions, y se convirtió en la primera mujer de color en la historia en ser dueña y productora de su propio programa. La carrera de Oprah va más allá de la televisión, pues también ha producido películas y obras de teatro, y lanzó su propio canal y una revista. Ha escrito libros y creó su propio club del libro, que ha sido muy influyente. Ha recibido numerosos premios y es la segunda afroamericana millonaria en el país.

Oprah usa constantemente su influencia para ayudar a los demás. A través de sus diversas empresas filantrópicas proporciona dinero a escuelas, comunidades y familias necesitadas, y también a mujeres y niños vulnerables en todo el mundo. En 2013, Barack Obama le concedió la Medalla Presidencial de la Libertad. A pesar de las privaciones en su pasado, Oprah aprovechó sus dones para construirse una sólida carrera y creó una plataforma para impulsar cambios verdaderos en el mundo.

Gwen Ifill
1955–2016

PERIODISTA

Gwen nació en la ciudad de Nueva York, pero vivió de niña en muchos lugares de la costa este. Su padre, un inmigrante caribeño, era ministro itinerante, así que la familia se mudaba de un lado a otro con él. Una de las cosas que se convirtió en tradición familiar, sin importar dónde vivieran, era sentarse todas las noches alrededor de la televisión para ver el noticiero. El interés de Gwen por la manera en que funcionaba el mundo surgió ahí. Desde los nueve años sabía que quería ser periodista.

En la universidad estudió Comunicación e inmediatamente, después de graduarse, comenzó una carrera en periodismo. Fue pasando de pequeños periódicos a publicaciones prestigiosas como el *Washington Post* y el *New York Times*, y luego incursionó en la televisión. Se labró una reputación como periodista inteligente y analítica. En 1999, empezó a trabajar en dos programas políticos de la televisión pública (la cadena PBS). Su prestigio en el mundo político le permitió ser escogida como moderadora del debate vicepresidencial para las elecciones de 2004. Fue la primera mujer negra en desempeñar ese papel. Luego moderaría el mismo debate en las elecciones de 2008 y en las primarias demócratas de 2016.

En 2013, aún trabajando en PBS, recibió un ascenso que sería historia. Junto con su colega Judy Woodruff, fueron contratadas como presentadoras en *NewsHour*. Se convirtieron en el primer equipo completamente femenino de un noticiero de cadena nacional, y Gwen sería la primera estadounidense en presentar un programa de este tipo.

Muchas mujeres vieron a Gwen como su modelo en el periodismo. Además de ser pionera en su campo, fue toda una profesional: llena de integridad y justicia.

Reportaje
Especial

Noticiero
PBS
Nueva Hora

Dra. Mae Jemison
1956 –

INGENIERA, MÉDICA, ASTRONAUTA

De niña, a Mae le encantaba leer, sobre todo libros de ciencia y astronomía. Desde que estaba en preescolar supo que quería ser científica, pero esto no la alejó de sus otras pasiones. Mae quería ser bailarina y, a lo largo de su juventud, estudió todo tipo de danza.

En la universidad, en los años setenta, estudió Ingeniería Química y Estudios Afroamericanos. Cuando aprendió sobre Martin Luther King Jr., vio su labor como un llamado a la acción para ayudar a los demás; así que, tras graduarse, decidió estudiar Medicina.

Se unió al Cuerpo de Paz en 1983 y viajó a África Occidental en un programa de dos años para proporcionar atención médica a los necesitados. Tras regresar, vio los grandes cambios que se estaban dando en la NASA. Por ejemplo, en 1983 Sally Ride se convirtió en la primera estadounidense en ir al espacio. Mae siempre se había imaginado yendo allí también, pero no estaba segura de seguir ese sueño. Lo que finalmente la inspiró para presentarse al programa espacial fue ver a la actriz Nichelle Nichols en su papel de la teniente Uhura en la serie televisiva *Viaje a las estrellas*. En 1987, Mae era la primera afroamericana en el programa de entrenamiento para astronautas y, unos años más tarde, llegó a orbitar la tierra, convirtiéndose en la primera afroamericana en el espacio.

Como seguía queriendo tener un impacto directo en las personas, dejó la NASA en 1993 y creó su propia compañía, el Grupo Jemison, dedicado a investigar las formas en que la tecnología puede ayudarnos en la vida diaria. También estableció la Fundación Dorothy Jemison para la Excelencia, que en 1994 lanzó un curso de verano de ciencias para niños: La Tierra que Compartimos.

La primera astronauta afroamericana

Florence Joyner
1959-1998

VELOCISTA

Desde niña, a Florence le gustaba destacarse, cosa que no era fácil con diez hermanos. Su madre era modelo y su abuela esteticista, de modo que el estilo y la belleza siempre formaron parte de su vida, y a menudo se expresaba con ellos.

Sus dotes para el deporte afloraron pronto: una vez que visitó a su padre en el desierto de Mojave y atrapó a una liebre que trató de correr más rápido que ella. A los siete años ya estaba ganando carreras y tuvo una exitosa trayectoria de atletismo durante la secundaria y la universidad. En la Universidad Estatal de California, en Northridge, conoció a su entrenador de toda la vida, Bob Kersee.

En 1982, Florence se había hecho un nombre en el mundo de las pistas. Era conocida como atleta de excelencia, y su estilo personal no pasaba desapercibido. Llevaba uniformes llamativos a las carreras, a menudo diseñados por ella misma, y uñas muy largas. En 1984 participó en sus primeras olimpiadas y se llevó una medalla de plata.

Se retiró una temporada para probar otras ocupaciones y fue agente de banco y esteticista. Se casó con otro atleta, Al Joyner, cuya hermana, Jackie, se casó con Bob Kersee, el antiguo entrenador de Florence. Con tantos corredores en la familia, la animaron a volver a competir, así que puso sus expectativas en los Juegos Olímpicos de 1988. Allí ganó una medalla de plata y dos de oro, e impuso un nuevo récord mundial que todavía mantiene.

Florence tenía otras pasiones e intereses, así que además de su exitosa carrera deportiva, desarrolló una línea de ropa y de productos para las uñas, escribió libros para niños y estableció una fundación para jóvenes. A lo largo de su vida, nunca sería definida con una sola etiqueta, y siempre se destacaría en medio de la multitud.

La mujer más veloz de todos los tiempos

Lorna Simpson
1960–

FOTÓGRAFA

Nacida en Brooklyn, Nueva York, Lorna comenzó su carrera como fotógrafa documental con el propósito de captar la vida tal y como es. Al terminar la universidad, hizo un viaje por Europa y África que la llevó a interesarse en cambiar la manera en que las personas percibían las fotos.

Usaba la fotografía como una forma de entender al sujeto fotografiado, en lugar de limitarse a mirarlo. Sobre todo, quería crear una mejor comprensión de las mujeres afroamericanas. Buena parte del trabajo de Lorna se centra en la experimentación, para encontrar nuevas maneras de desarrollar imágenes.

En los años ochenta, mientras estudiaba un postgrado en la Universidad de California, en San Diego, empezó a incorporar textos en sus fotos, para añadir una segunda capa de significado. A este estilo lo llamó foto-texto, y se convirtió en su obra icónica. La relación de la sociedad contemporánea con las afroamericanas y su percepción de las mismas fue objeto de atención de Lorna. A través de su arte abordó temas como la raza, el género y la identidad.

Muchas de sus obras muestran figuras con rostros oscurecidos que ella llama *antirretratos*.

Lorna ha expuesto sus fotografías en algunos de los lugares más reconocidos del mundo artístico. En 1990, se convirtió en la primera afroamericana en exponer en el festival de arte más grande del mundo: la Bienal de Venecia.

Ella sigue forzando los límites de la fotografía al experimentar con otros medios como el video, el dibujo y la serigrafía. Su obra ha ayudado a allanar el camino y a crear un espacio para otras artistas negras.

Dominique Dawes
1976–

GIMNASTA

Dominique era una niña extremadamente activa, así que a los seis años sus padres la inscribieron en clases de gimnasia para que encauzara toda esa energía. Cuando llegó al gimnasio pensó que podía hacer todo lo que quisiera, pero pronto vio que se requería mucho esfuerzo para llegar a ser una gran deportista.

A los nueve años creó su propio lema: D3. Escribió las palabras "determinación, dedicación, deseo", con crema de afeitar en su espejo, para no perder su objetivo. Esa resolución personal la convirtió en una competidora feroz, y pronto empezó a reescribir la historia con sus proezas deportivas y a derribar barreras raciales. En 1988, fue la primera afroamericana en formar parte del Equipo Nacional de Gimnasia Femenina.

A los dieciséis, obtuvo su primera medalla individual de bronce en las olimpiadas de 1992. Y eso no fue más que el comienzo. Dos años después, en los campeonatos nacionales, Dominique fascinó a los jueces y al público por igual y salió con cinco medallas de oro: final general individual, salto, barras asimétricas, viga de equilibrio y ejercicios de piso. Fue la primera gimnasta en veinticinco años en ganar las cinco.

En 1996, participó en sus segundas Olimpiadas. Junto con otras seis talentosas compañeras fueron apodadas las Siete Magníficas, y regresaron con el oro. Fue la primera vez que un equipo estadounidense ganaba el oro olímpico. Sus compañeras y entrenadoras la llamaban Awesome Dawesome, la Fabulosa Dawes, y sus seguidores también.

A pesar de que se retiró de la gimnasia en 2000, sigue estando involucrada con ese deporte. En 2005, fue incluida en el Salón de la Fama de la Gimnasia Estadounidense. Sin ninguna duda, Dominique sirvió de motivación para las jovencitas que siguieron sus pasos. Gabby Douglas y Simone Biles la consideran una pionera y una inspiración.

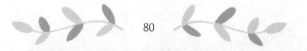

DETERMINACIÓN

DESEO

DEDICACIÓN

Pequeñas líderes

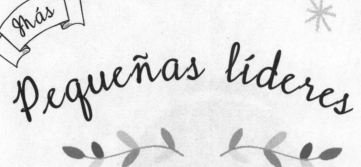

Fue tan difícil escoger solo cuarenta mujeres notables para presentar en este libro que no puedo evitar compartir unas cuantas más con ustedes. Algunas de ellas han seguido el camino de aquellas que las antecedieron, y otras han trazado sus propios rumbos. Dorothy Height abrió las puertas del Movimiento por los Derechos Civiles para todas las mujeres, y Carrie Mae Weems ayudó a crear un espacio para las artistas negras. Sin Zora Neale Hurston, algunos de los mejores ensayos de Alice Walker no hubieran podido escribirse.

Trata de encontrar vínculos entre algunas de estas pequeñas líderes y otras que encuentras en el libro.

Mary Jane Patterson • 1840–1894
Primera mujer negra en obtener un título universitario

Madam C. J. Walker • 1867–1919
Primera mujer negra en convertirse en millonaria

Dorothy Height • 1912–2010
Activista por los derechos de la mujer, madrina del Movimiento por los Derechos Civiles

Lorraine Hansberry • 1930–1965
Primera autora negra de una obra para
Broadway: *A Raisin in the Sun*

Alice Walker • 1944–
Ganadora del premio Pulitzer por su
novela *El color púrpura*

Carrie Mae Weems • 1953–
Artista multimedia conocida por su interés
en la vida afroamericana

Vernice Armour • 1973–
Primera piloto de combate negra en el
ejército estadounidense

Venus Williams • 1980–
Primera mujer negra en clasificar como
No. 1 en la era de los Abiertos de tenis
de los Estados Unidos (1968)

Serena Williams • 1981–
Tenista con mayor número de
triunfos de Grand Slam en la era
de los torneos abiertos

Misty Copeland • 1982–
Primera bailarina negra en papel
protagónico del American Ballet Theater

Gabby Douglas • 1995–
Primera gimnasta negra en ganar
un oro olímpico en la final general

Simone Manuel • 1996–
Primera nadadora negra en obtener una
medalla olímpica individual en natación

Otras lecturas,
PELÍCULAS Y GRABACIONES

La investigación para escribir este libro fue una experiencia increíble. Me abrió los ojos y también me encogió el corazón, pero lo más importante es que me llevó a querer aprender más. Desafortunadamente, en estas páginas no podía plasmar tanta información como hubiera querido. Es difícil contar las historias de estas mujeres en unos cuantos párrafos, pero espero haber despertado el interés para que ustedes vayan más allá. A continuación, algunos lugares donde profundizar su búsqueda.

SITIOS WEB

Archive.org

Biography.com

Brittanica.com

Encyclopedia.com

Makers.org

NAACP.org

NASA.gov

Pulitzer.org

LIBROS

Olson, Lynne. *Freedom's Daughters: The Unsung Heroines of the Civil Rights Movement from 1830 to 1970* [Hijas de la Libertad: Las heroínas desconocidas del Movimiento de los Derechos Civiles. 1830 a 1970]. New York: Scribner, 2002.

Shetterly, Margot Lee. *Hidden Figures Young Readers* Edition [Talentos ocultos. Edición Juvenil]. New York: HarperCollins, 2016.

Warren, Wini. *Black Women Scientists in the United States* [Científicas negras en los Estados Unidos]. Bloomington: Indiana University Press, 2000.

PELÍCULAS DE CINE Y TELEVISIÓN

Dash, Julie, dir. *Daughters of the Dust* [Hijas del polvo]. American Playhouse, 1991.

Eyes on the Prize [Ojos en el premio]. Catorce episodios emitidos por PBS entre el 21 de enero de 1987, y el 5 de marzo de 1990.

Garbus, Liz, dir. *What Happened, Miss Simone?* [¿Qué pasó, Señorita Simone?]. Netflix, 2015.

Hercules, Bob y Rita Coburn Whack, dirs. *Maya Angelou: And Still I Rise* [Maya Angelou: Y aún así me levanto]. American Masters, 2017.

Marian Anderson: The Lincoln Memorial Concert [Marian Anderson: Concierto en el Memorial de Lincoln]. 1939.

Nelson, Stanley, dir. *Freedom Riders* [Viajeros de la libertad]. Emitida en mayo 16, 2011, por PBS.

GRABACIONES

Fitzgerald, Ella, "A-Tisket, A-Tasket," 1938.

Jackson, Mahalia, "How I Got Over" [Cómo lo superé], 1961.

Simone, Nina, "To Be Young, Gifted and Black" [Ser joven, talentoso y negro], 1970.

LIBROS RECOMENDADOS, DE ESCRITORAS AUDACES

Sojourner Truth: *Narrative of Sojourner Truth* [La historia de Sojourner Truth]

Zora Neale Hurston: *Their Eyes Were Watching God* (Sus ojos miraban a Dios)

Gwendolyn Brooks: *A Street in Bronzeville* (Una calle en Bronzeville)

Maya Angelou: *I Know Why the Caged Bird Sings* (Sé por qué canta el pájaro enjaulado)

Nichelle Nichols: *Beyond Uhura: Star Trek and Other Memories* (Star Trek y otras memorias)

Audre Lorde: *Zami: A New Spelling of My Name* (Zami, una nueva forma de escribir mi nombre)

Octavia E. Butler: *Kindred (Parentesco)*

Oprah Winfrey: *What I Know for Sure* (Lo que realmente he aprendido en la vida)

Agradecimientos

Hacer este libro junto con el equipo de Little, Brown and Company ha sido como un sueño hecho realidad. He tenido la suerte de trabajar con este grupo de personas creativas, cuidadosas y comprometidas, y me alegra mucho que mi libro tenga allí su hogar. Mi editora, Farrin Jacobs, es una verdadera maga, y fue muy bonito ser testigo de su forma de trabajar. Sin ninguna duda, Dave Caplan, director creativo y diseñador, es el creador más serio y concienzudo con el que he trabajado. Estoy tremendamente agradecida con Kheryn Callender y Nicole Brown por su labor constante de seguir el hilo de mis mensajes y envíos, y también con Erika Schwartz y Jen Graham. Saber que este libro estaba a su cargo resultó tranquilizador y a la vez increíblemente inspirador.

Todo este recorrido ha sido como viajar por un territorio desconocido para mí, pero mi fabulosa agente literaria, Carrie Hannigan, ha estado a mi lado en todo momento. Su conocimiento y su experiencia únicamente pueden compararse con su atención al detalle y su consideración. Tengo grandes sueños para mis *Pequeñas Líderes*, y Carrie me está ayudando a hacerlos realidad.

Agradezco mucho a mis amigos y mi familia por su increíble apoyo, por estar dispuestos a oír mis ideas y preocupaciones, y a participar en mis llamados urgentes para tormentas de ideas: Nicole Harrison, Kassiopia Ragoonanan, Kwesi Johnson, Elizabeth Webb, y Lindsey Arturo. Un enorme emoji de manos unidas en plegaria para las miles de personas en las redes sociales que me apoyaron y me suplicaron que siguiera adelante. Quisiera agradecer especialmente a las mujeres negras: el torrente de cariño y mensajes de admiración que recibo día a día son un recordatorio constante de que provengo de la comunidad más solidaria del mundo.

Por último, este libro es el producto del esfuerzo de muchos, pero no hay dos personas que estén más emocionadas por su publicación como mis padres, Ted y Chandra Harrison. Su amor y su apoyo son el fundamento de esta obra creativa. Defendieron este proyecto desde que no era más que unos cuantos garabatos, y fueron mis asesores, mis agentes, mis directores artísticos, editores y publicistas mucho antes de que llegara a firmar un contrato. Decir que siempre han apoyado mi carrera artística es quedarse muy muy corto. Ellos entrevieron posibilidades en mí que yo no alcanzaba a vislumbrar, y por eso les estaré eternamente agradecida.

Nicole Harrison

VASHTI HARRISON es una artista y cineasta, apasionada por contar historias.

Estudió una maestría en cine y video en el Instituto de las Artes de California,

y allí consiguió escabullirse en los cursos de animación e ilustración imparti-

dos por leyendas de los estudios de Disney y DreamWorks. Fue ahí que se

avivó su afición por la pintura y el dibujo. Ese gusto por ilustrar y el amor por

el cine le permiten crear historias hermosas para niñas y niños.

@vashtiharrison ✷ vashtiharrison.com